正直、親切、笑顔

僕が大切にしている125の言葉

松浦弥太郎

光文社

はじめに

僕はなぜ文章を書き続けているのだろうか。言葉を紡《つむ》ぐ理由とは何なのだろうか。

いつかの僕は、「どうしたらいいかわからない」という悩みを抱えていました。年齢を重ねるにつれて、「これからどうなるのだろう」という不安も増してきました。「自分にとってのしあわせとは何だろう」という問いの答えは見つからず、考えることを避けようとするような、諦めにも似た気持ちが心の中に漂《ただよ》っていました。

そんな日々の中でも、「自分なりの生き方や暮らし方を見つけたい」と心の奥底で思い始めた瞬間がありました。その思いはやがて、「これからの新しい生き方を」という希望の灯火《ともしび》となり、そこから「今日もていねいに。」という言葉が自然に生まれたのだと思います。

毎朝、「今日もていねいに。」と書いて一日を始める。それは、今日という日を少しでも前向きに生きるためのおまじないのようなものでした。そしてその言葉を繰り返していくうちに、「ていねいに生きる」とは一体どういうことなのだろう、と考えるようになりました。

行動のように思われるかもしれません。しかし、僕にはもっと本質的な意味があるのではないかという疑問がありました。そしてたどり着いた一つの答えは、「どんなことにも感謝すること」でした。

よいことも、そうでないことも、それらはいつか自分の糧《かて》になる。だからこそ、感謝の気持ちを持つ。その感謝が考え方や所作に現れ、それが「ていねい」というささやかな美しさとなるのではないか。そう気づいたとき、「ていねい」の本質は感謝にあるのだと納得しました。

さらに、「今日もていねいに。」という言葉には、現実と向き合い、一つひとつの課題を乗り越えることと同時に、現実から精神的に独立することが含まれています。これこそが、僕が考える「これからの新しい生き方」なのです。

ヘンリー・デイヴィッド・ソローの言葉に、「何も変わりはしない。変わるのは僕らだ」というものがあります。自分の人生という物語を、自分自身で描いていくこと。そのためには、他人に期待せず、学びという名のもとで自分を変えていく。こうでなければならない、こうあるべきだという固定観念に縛《しば》られることなく、自分なりの「これからの新しい生き方」を見つけていくことが大切だと思います。

本書にまとめた言葉や文章は、そんな「これからの新しい生き方」を模索し、考えた結果生まれたものです。タイトルにした「正直、親切、笑顔」という言葉は、高村光太郎さんが花巻の小学校の生徒に贈った言葉からいただきました。

この言葉は、僕の人生の出発点ともいえるものです。

この小さな本が、あなたの「幸せ」や「これからの新しい生き方」を見つけるきっかけとなれば、本当に嬉しく思います。

松浦弥太郎

装画・写真
著者

装幀
櫻井久
鈴木香代子（櫻井事務所）

正直、親切、笑顔

正直

「なんでそんなにきちんと生活して、がんばって働けるんですか？」。そう聞かれて「二度と貧乏に戻りたくないからだよ」と答えました。相手はびっくりしたし、何よりそう答えた自分に自分がびっくりしました。お金の貧乏、心の貧乏、人間関係の貧乏。そのこわさを僕は知っています。

しあわせを感じるとき。それは人間関係において、壊れてしまった関係を修復できたとき。決してかんたんではないけれど、修復というしあわせはあると思う。ほんとうによかった……と思う安堵と感謝とともに、そのしあわせを噛みしめる。

いけない、いけない、深呼吸して落ち着こう。息を止めてはいけない。呼吸を整えれば大抵のことはうまくいく。大丈夫。そう自分に言い聞かせ、落ち着いて今日を生きる。

自分はこの先どうなるんだろう。どうなってしまうのだろう。不安におしつぶされそうになったら、今、自分はわからないことがあるから、不安でつらいんだと思えばいい。勇気を出して少しわかるようにしてみよう。合言葉は、なるほどね。です。

かなしいけれど、さみしいけれど、つまらないけれど、もどかしいけれど、だからといって、どうにもできないとき。そんなときは、二、三回ゆっくりと深呼吸をして、自分に関わるすべてに感謝をする。ありがとう。ありがとう。ありがとう、と。あ、そうだ、と、ありがとうを言い忘れていたことにも、ありがとうを言おう。そうすると、ちょっと気持ちがなおる気がします。ほんのちょっとだけど。おだやかに息をすることができてくる。

そうだ。場所はいつも旅先だった。

午後に静かな場所で、すわり心地のいい椅子をみつけて、いい短編をひとつ、ゆっくりと読んだり、ふと思いつく気持ちを自由に綴ってみたり、いろんなことを考えたり、感じたり、思ったり。そんなふうに一人の時間を持つことができたら、その日はいつもと違った一日になる。乾いたこころが潤うのと同時に、ありふれたいつもの景色が物語の一篇のように思えてくる。

百冊の本を読むよりも、一冊の本を百回読みたい。こんなふうに、僕は読書をしたい。人と人の付き合いのように。

いつもの方法を今日はちょっと変えてみる。良かったり、そうでなかったり、何かしら新しい気づきがある。日々そういう確かめが大事なんです。

自分が何をどのくらい持てるのか。どのくらい持って歩くのか。持ちかたは正しいのか。それで軽やかに歩けるのか。自由に動けるか。日々が疲れないか。安心なのか。楽しいのか。持つちからがないのに、欲張って持とうとしたり。もう十分なのにもっと持とうとしたり。持ちすぎて歩けないのに、それに気づかなかったり、持ちかたがわるくて苦しんだりしていないか。持っているものは何か。お金、時間、人間関係、夢や希望、ほしいと思うもの、見栄やプライド。自分は今ちょうどいいのか。無理しようとしていないか。欲張っていないか。重たくて多すぎて、苦しんでいないか。僕はときどき見直すのです。なぜなら持ちすぎると失うものがあるから。それは何か。自由です。

いいことばかりは、よくないこと。

仲良くなることが良いこととは限らない。

二十代の僕は、どこかで人生という名のシャツのボタンをかけ違えた。しかも、かけ違えたボタンを素直に直そうと思う気持ちが持てなくて、これが自分のボタンのかけ方だと意地になった。

今、会いたい人はふたりいます。そのふたりの顔を思い浮かべると、胸がきゅっと痛くなる。会いたい理由は、ごめんなさいとあやまりたいから。僕がわるくて、あやまらなくてはいけないのに、あやまっていないままだから。とても身勝手な思いだけれども、そのふたりは僕にとって、とてもとてもとても大切な存在です。ごめんなさいを言っていないから、会いたいけれど会えない。今、会いたい人はふたりいます。とても会いたい。

とにかく遠くへ。自分のことを知らない人のいるところに行きたかった。そうすることでドロップアウトした自分の人生をリセットしたかった。アメリカに憧れた僕はいつしかケルアックを生き方の手本にしていた。間違いを間違いのまま生きていくには、今いる場所から逃げて、まさに『路上』のように、ずっと遠くに行くしかなかった。僕にとっての旅とは、そんなふうに逃げる以外のなにものでもなかった。サンフランシスコ、ニューヨーク、パリと旅した日々は、いつも何かから逃げていて、いつかどこかに自分の安住の地が見つかるはずだと思い込んでいた。しかし一方で、逃げれば逃げるほど、安住の地は遠のいていくことも、僕は心のどこかでわかっていた。

RUE
OUDINOT
RUE
MONSIEUR

二十代の頃の僕はどちらかというと「好き」よりも「嫌い」が多かった。けれども恋愛を通じて、自分の「好き」を増やしたいと思った。目を大きく開き、耳を傾け、すべての感覚を研《と》ぎ澄まし、想像力を働かせて、仕事や暮らし、旅のすべてから自分なりの「好き」を見つけていく。それが生きるということであると僕は気がついた。見つけた「好き」をもっと「好き」になるように、学び、経験し、たくさん語って、好きになった人に、自分を少しでも「好き」になってもらいたいと思った。

二十代の頃、ケルアックとブローディガンを読んだ。ペンと紙をいつも手元に置くようになった。言葉、文章を書くことを覚えた。生まれてはじめて自由が何かを考えた。まっすぐ前を向いて、自分の足で歩みはじめた。あてもなくだけど。悲しみが癒えるのは、もっと先のこと。

どうすれば自分を見失わずに生きられるのか。僕はその知恵と方法を、二十代を費やした旅で学んで身につけた。

どこに行くにもいろいろな道順がある。近道を探さなくてもいい。急がなくてもいい。迷ってもいい。自由に選べばいい。

地図は買うものではなく、自分で作るもの。

地面はつながっているから大丈夫。歩けばいつか帰れる。これが幼い頃の僕の決まり文句だった。迷って泣きそうになっても、あっちだと思う自分を信じてこわがらずに歩く。新しい何かを見つけるために。

地球の裏側の、今日の天気が知りたければ、よし、行ってみよう、と出かけて自分でたしかめる。時間もお金もかかるけれど、元値以上の宝を手にすることができるだろう。

弱いってことは強いってことなんだと思う。弱いとわかっている強さってある。

負けながら勝つ、という言葉を知ったとき、僕はかなり救われました。負けながら勝つんだ、と。

大切なのは、どんなところで、どんな状況であっても、自分の姿勢を保つこと。だから、いつも姿勢をチェックして、必要ならば修正する。ブレないということかな。主張するためではなく、物事に向き合うための姿勢がどうなのか、今の自分の姿勢は大丈夫なのか、僕はいつもそんなふうに自分の姿勢を疑っている。

いつも白くありたいと、白に憧れる自分がいる。

いつだって不屈でありたい。不屈が原動力。不屈とは乗り越えること。

かっこよくスマートに仕事をするなんて僕はできない。それでいい。毎朝、言い聞かせるのは、今日も限りなく素直でいようということだ。

そわそわしたり、なんだか気持ちが落ち着かないときは、お水をゆっくり飲んでみる。少し楽になる。

「日々新又日新」という言葉がある。日々生まれ変わりながらも、自分を失わないようにしながら、古い自分にこだわらない。日々を大切にし、新しい世界を生きていく。後ろの扉をきちんと閉めて、まっさらで新しい自分になれば、新しい扉はふわっと開いてくれる。

あ

あ、もう疲れた、もうやめようと思ったとき、あとひとつ、あとこれだけ、とほんの少しだけ頑張ってみる。それがたった10分のことだろうと。

自分が、自分ではなくなってしまった気がする。忙しいとき。独りでさみしいとき。くやしいとき。変化があったとき。不安なとき。怒っているとき。そんなときは落ち着いて座ればいい。座って、深くゆっくり深呼吸して、何も考えずぼんやりすればいい。あたまを休めよう。

長いようで短い一日に夜がやってくる。ベッドに入って眠ってしまう前に、一日をよろこぶ。今日という一日が、つらくて悲しかったとしても、そこに情けない自分がいても、いつもどおりの一日であっても。本のページを一枚めくるように、今日も学びがあったとよろこぶ。いい日だったか、そうでなかったかに関係なく、今日をよろこぶ。心から。そうやって、一日を締めくくって眠りたい。

「それはほんとうにやりたいこと？」と、自分に聞いてみる。

なにをして、なにをしないのか。その意思決定を表明し続けること。僕が四十代で費やしてきたのは、たったそれだけのことだと思う。

い

いと思ったことは、なんでも真似をするといい。いつもなにかの真似をしながら、その真似に工夫を少し加えると、いつしかそれは種から芽が出るように自分のオリジナルに育っていく。

なにもかも捨てて、まっさらな自分になるのは、勇気のいることだけど、なにかをはじめるときは、そのくらい身軽にならないと、動こうにも動けないよ。僕は毎日捨てるよ。過去もプライドもあれもこれも。手ぶらが一番なのを知ってるんだ。手ぶらでいれば、すぐにハグできるしね。

なんだかいろいろと頑張らないと、なんてチカラを入れ過ぎていませんか。しっかり頑張らないと、世の中から取り残されてしまう気がしてドキドキしてしまったり。大丈夫大丈夫。仕事や暮らし、どんなことでも、優先順位を決めてひとつひとつ進めよう。どんなに高い山でも、小さな一歩一歩で頂上に到達するのです。そうそう。ひとつひとつ。一歩一歩。ゆっくりね。もしいやなことがあっても「日にちぐすり」というように、時間がいつか治してくれる。解決を急がない。

今日のやせがまんは、いつしかなんてことのない当たり前になる。そうしたら、また新しいやせがまんをすればいい。その繰り返しで自分自身を開拓していく。

普段は、二歩前進、一歩後退。進むちからとさがる知恵。このバランスの妙。理想形。いろいろなことのコツですね。忘れないように。

新しい一週間がはじまる。息つぎを上手にしながら、ゆったりと大きな動きで、泳ぎます。あせらずに、ちからを抜いて。

物事との向き合い方を少しゆるくする。細かなところは、まあいいとして、全体を見渡すくらいでいい。あ、ここは大事だなと思うところは、じっくり見て、よく考えるというように。ワーキングメモリを酷使しない。いつも余裕をもたせておく。疲れさせない。そのために、一日に何度か、ぼんやりタイムが必要になる。何もしないで、ぼうっと景色を眺める。深呼吸をする。ちょっとストレッチする。自分を守るために。

僕の読書スタイルは、急がずにゆっくりと読むこと。進んだり、止まったり、繰り返したり、そして、ときどき声に出して読む。

一日の中では、朝がいちばん好きだな。あたまもからだも、からっぽだから。からっぽは楽だしね。夜になれば、いっぱいになるけれど、また朝には、からっぽになっている。その循環がよいことを健康というのかも。土曜と日曜の朝は、いつもより、からっぽになる。ようするに、からっぽとは、上機嫌ということ。だから、大切なことには、朝、向き合う。

お金はすべて経験という学びに代えて、心の中のたしかな記憶として貯めていく。よって銀行預金はないが記憶貯金はいっぱいある。記憶貯金は、あるとき何十倍にもなるからおもしろいし、自分を助けてくれる底力になる。

できないことやわからないことは、恥ずかしいことではないと思う。新しいことに出合っているという証拠であり、仕事や暮らしのおもしろさなのだから。大切なのはそこから逃げないこと。今日は何も困らなかった。そういう一日はさみしいかもしれない。今日も明日もあさっても、みっともないくらいオロオロしながら、一所懸命でいる。それでいい。

失敗を恐れることは、すでに失敗であると忘れないでおく。

とにかくたくさん失敗するしかない。失敗はマイナスではない。プラスになる。今、うまくできている人に共通しているのは、人一倍失敗しているということ。失敗はこわい。ダメージもある。すぐに立ち直れないことも多い。でも、それをなんとか乗り越える。学びとは失敗すること。できれば失敗はしたくないけれど、失敗を恐れない人でありたい。

考えるとは、疑問を持つということ。疑問を投げかけ、その答えにまた疑問を投げかける。「なぜ？」の繰り返しがとても大切。一度ではわかったようで何もわからない。繰り返すことで、はじめて考えるという実感が湧いてくる。わかったつもりではなく、本当の意味でわかることに到達する。「なぜ？」を五回繰り返す。かつて、僕は先輩からこう教わった。

亡くなった父から教わった言葉は、数々あるけれど、僕がいちばん衝撃を受け、今でもその通りにしているのが、冬の日に、寒くてブルブル震えてたときに言われた「寒いなら、走れ」という言葉。寒かったら、あたたかい上着を着ろではなく、走って身体をあたためろという発想。今の自分をかたち作った原点です。子どもの頃から、そうやって生きてきた。

「当たり前のことをたしかめる」。すでに知っていることを何度でもたしかめるのは大事である。たしかめるたびに新しい発見が必ずあるからだ。今更、人に聞けないことや、知っていそうで知らないことは意外と多い。日々の暮らしとは、些細なことでもいちいちたしかめて納得する喜びで支えられている。

僕はいつもどんなものでも人の何倍も観察している。見て、見て、見尽くしている。そして、これぞと思うものは手に入れ、一緒に暮らして使ってみる。

ジャコメッティは、絶えず、見て、見て、見続ける人だった。目で見て、見てたしかめて、見えるものを見える通りに作った。肝に銘じたい。

一日八時間眠り、八時間働くと、八時間も残る。その八時間をどう過ごすのか。何に使うのか。時間は貯畜できないから、使うしかない。使い方は難しい。その使い方が、人の一生を物語る。そんなことを父の初盆で考えた。

あなたはお金で買えないものをどのくらい持っていますか。

ぼんやりタイムを忘れずに。ぼんやりするには、知恵と勇気と我慢がいる。

もしかしたら一番大切なものは思い出なのかもしれない。宝ものは何かと聞かれたら、思い出と答える自分がいるから。あれも欲しいこれも欲しいと手に入れたあの頃もあるけれど、思い出に勝るものはないなあ。一番悲しいこと。それは思い出を忘れてしまうこと。あの思い出を思い出せなくなること。夏は思い出がたくさんある。

親切

親切とは小さな声に気づくこと。

シンプルであることはひとつの美学だけど、なんでもかんでもシンプルにしてしまうのはいけないように思う。時には足すことも考える。引くことはそれから。

美しさとは、親切と真心、そして工夫のあらわれ。人が人を一所懸命に思う心そのもの。だからこそ美しさは、すぐにわかるものではなく、一所懸命に見つけるもの。自分で見つけた美しさは、どんなに時が経っても決して忘れることはなく、時が経てば経つほどに、いつまでも自分の心の中に、ひかりとなってあり続ける。

しあわせな自分というのは、他人のしあわせとのつながりによって育《はぐく》まれ、それによって、しあわせになった自分が、他人をしあわせにしていくという、そんなサイクルが、静かにゆっくりと続いていくことだと思う。

好きな人に好かれるためなら、僕は何でもできると思った。

信じること。思いやること。見守り、黙っていること。尽くし、助けること。一番の味方であること。待っていると言わず、いつまでも待つこと。入り口と出口を開け放ったような、そういう大きな心を持っていたい。かんたんではないけれど、そういう自分でありたいと願っている。

なにもかもが早く、正確であることが当たり前になった今、人は待つことをしなくなった。すぐに結果や成果を求められるが、その負担によって、なにかが、もしくは誰かが、壊れそうになったり、苦しんでいることを、僕は想像したい。いつも楽しく待てる人でありたい。待つことに喜びを見つけたい。

子どものために作る。子どもでなくても、大切な人のために作る。これがもの作りの原点のような気がする。今ある多くの優れたものが、なぜ優れているのか。それはすべて大切な人のために作ることからはじまっているから。

野菜やお肉といった食材、生活道具、洋服、植物、身の回りのどんなものでも、親が赤ん坊に接するのと同じように扱うこと。道元さんの教えです。ていねいな暮らしとはこういう心持ちが築いていくのでしょう。

「生かし合う」という言葉がある。生かし合うとは、生かし生かされること。人、自然、すでにあるものすべてを、のびのびと生かすこと。すべてに感謝し、愛情を持って接すること。もっと元気になってともに育つこと。生きていく上での原理原則だと思う。だから毎日自分に問いかける。「ちゃんと生かし合っている?」と。

人は皆、自分を助けてくれることを探している。人は皆、自分を助けてくれる人を求めている。人は皆、自分を助けてくれるものを選んでいる。人は皆、いつも助けを待っている。

子どもの頃、わが家は共働きでした。夕方、仕事から帰ってきた母は、すぐにエプロンを巻いて、台所に立って夕飯の支度をしていました。僕は今日の出来事を話したくて、台所の隅に立って、母に話しかける。母はいつも庖丁で野菜を切ったりしながら、そうだったのね、あらまあ、なんて言いながら、僕のおしゃべりを聞いてくれました。ときおり、それとって、とか、これをこうしておいて、これハサミで開けて、なんてお手伝いを頼まれるのが嬉しくて、なにかやることない？　と聞くのでした。僕はお手伝いが大好きでした。これやって、と言われるととびきり嬉しかった。よく人の話を聞いてから、手伝いましょうかと伝えると、お手伝いできるのを、母とのやりとりのなかで学んだのでしょう。考えてみれば、僕は、仕事という名のもとで、その頃と同じ気持ちで「お手伝い」に喜びを感じているのかもしれません。そういう気持ちが、僕自身の生き方でもあるのかなあと思うのです。僕の職業はお手伝いさん。

「約束は守るよりも、忘れないこと」「守れないときもあるけれど、忘れなければいい」というのが母の考えでした。「約束ができる人になりなさい」。これもよく母に言われたことでした。約束ができる人とは、どういう人なのか。おとなになった今、ひとつわかったのは、約束は自分からするものだということ。たとえば、仕事において、果たすべき責任や成果、目標などは、自分から約束ごととして考える。毎日のように、あのことあのこと、約束したことを忘れていないか、その約束のためにきちんとすすめているかを、しずかに自問する。

大切なことには時間をかける。無理をせず、足を止め、手を止める。結果を急がない。多くを求めない。時には引き返す。これが今の僕の日々。作物を育てるように。病気を治すように。人と仲良くなるように。愛するように。待つために他のことをする生き方を。

日々の営みすべてに対して「過ぎない」ように。働き過ぎない、遊び過ぎない、食べ過ぎない、考え過ぎない、求め過ぎない。最も肝に銘じておきたいのは、「期待し過ぎない」ことです。正しさや自分の考えを盾にして、なんでも思い通りにしようと期待し過ぎないこと。シンプルに言うと、少し力を抜いて、気持ちをやわらかく。

一度好きになったものは、嫌いにならないという自信がある。好きになった人、好きになったものやこと、好きになったいろんなことが、生まれてから今日まで僕にはたくさんある。それらはひとつひとつ、心の引き出しの中に、ぶつかり合わないように、そっと大切に置いてある。どんなことでも、いつでも好きだと伝えていく。そうすると、きっと何かが変わる。明日から変わる。うそじゃない。僕は好きのちからを信じている。

人や街、暮らしや仕事、自然や動物、風やにおい、あたたかさや冷たさ、美しいもの、汚れているもの、鉛筆でも、靴でも、服でも、落ちている紙くずでも、とにかく見るもの、感じるもの、思うもの、苦しいこともつらいことも、そういうすべて、なんでも好きになる。好きになれば、好きになったものから、自分にそっとなにかを話しかけてくれるような気がする。そうすると、ほんとうに、自分とそのなにかとの対話が生まれる。

いいところを見つけるのを得意になるということは、よく見るということだったり、他人の意見に左右されないことだったり、全肯定を基本にしたりとか、許したり、受け止めたりとか、生きるためにとても必要なこと。とくに人に対してはそうありたい。

手紙を書いているひとときは、その人のことだけを思うこと。相手がよろこぶことだけを書き、返事に困らないように書くこと。あまり固苦しくならないように。

ものいわぬものとの付き合い方は大事ですね。草木や土、家、生き物、食器や道具、服といった身の回りのあれこれ、食べ物とかなんでもかんでも、手を伸ばせばそこになにかありますよね。そういうものは文句を言ったりしない、ものいわぬもの。ものいわぬものこそ、それとどう接するのか。どう付き合うのか。どう扱うのか。感謝できるのかできないのか。ものいわぬものを決して軽くみてはいけないと思うのです。

眠れない夜、いつもぼんやり考えているのは、自分の幼い頃のことや、その頃の父や母のこと、ともだちやまわりにいた人のこと、してもらって嬉しかったこと、楽しかったことなど。そういう記憶をひとつひとつ思い出します。忘れていたようなことを思い出すと、ちょっと嬉しいですね。これまで生きてきて、いいこともそうでないことも、自分が人にしてもらったことを思い出す。それはとても大切なこと。なんだかんだ言って、こうして自分がいるのは、あの人この人のやさしさやきびしさ、さまざまな関わりの中で起きたあれこれが学びとなって、今の自分を育ててくれているからなのです。感謝ばかりです。僕はおたがいさまという言葉が好きです。なにがあろうと、お互いに助け合い、感謝しあい、受け入れあい、ゆるしあう。人は決して一人ではないからです。おたがいさまで生きていく。

東京はよく晴れています。でも、大雨や吹雪や大雪のところもある。自分がしあわせでも、どこかはそうでないように。自分が苦しくても、どこかにはしあわせがあるように。生まれる人がいれば、亡くなる人がいる。これはいつも忘れてはいけない大切なこと。自分の目の前の世界がすべてではないんだ。ふと、そう思った。青い空を見ていたら。

う

ちには子どもの頃から犬がいて、今でも彼らの名前を忘れることはありません。よく思い出します。いや、思い出したくなる。たしか小学一年のときだったと思う。柴犬のジョンと公園を散歩していると、隣の学校の知らない子たちからいじめられそうになった。そのとき、ジョンが僕を守るように、ものすごい勢いで吠えて蹴散らしてくれたことがある。やさしい犬だったジョンがあんなに怒ったところをはじめて見た僕は、その日からもっともっとジョンが好きになりました。困ったり、つらかったり、元気のないとき、さっと前に立って自分を守ってくれる友だち以上の存在。忘れることができない思い出です。僕はジョンのように誰かを守れるのか、助けられるのか。守ろう、助けようと思えるのか。考えるより先に動けるのか。戸惑うことなく。助け合うこと、守り合うこと、知らんぷりしない。自分にそれができるのかと考えました。もういちどジョンに会いたい。

会えなくても、友だちと呼べる人がいるだけで、かなり助けられている。かなり元気でいられる。ありがとうと思っている。

空腹を満たすのではなく、心が満たされる料理を作って食べたい。食の大切さって、自然と感謝の気持ちが湧いてくるかどうかだなあと思います。急いで食べたり、嚙まずに食べたり、向き合わずに食べたりしたら、ひとつも栄養にはならない気がする。心と身体を養うための食を。

親切であること、やさしさを持つこと、困った人を助けること。不幸とはこの三つを失うこと。反面、この三つを何よりも大切にすればしあわせだと思う。どうかな?

どんなことにも「よほどの理由」がある。いいことにも「よほどの理由」があり、つらいこと、苦しいことにも「よほどの理由」があるのです。あそこにもそこにも、あの人にもこの人にも「よほどの理由」がある。その「よほどの理由」を知ること、学ぶこと、感謝すること。見て見ぬふりをしないこと。「よほどの理由」をないがしろにしないことです。自分に必要なことは、すべて「よほどの理由」の中にあるんです。「よほどの理由」という引き出しを開けて、その中になにがあるのか、手にとってよく見て、向き合い、学ぶことです。学ぶということは成長し、変わるということです。変われば必ず新しい景色が見える。未来につながる。いいことにも、そうでないことにも、「よほどの理由」の理由がある。自分が生まれたことにも「よほどの理由」がある。生きていることにも「よほどの理由」があるんです。

その一言、その考え、その行動、その態度、その仕事など、自分がかかわるどんなに小さいことにも、その先には生身の人がいるということを忘れないように。

歩きながら話そうよ、と散歩に誘ってみる。大事なことは歩きながら話すといい。

自分の頭で考え、自分の目で見て、自分の耳で聞き、自分の手でさわって、自分の心で感じて、自分で選んで、自分で判断する。そういう当たり前のことが、ほんの少しずつ失われていく怖さを感じる。わからないこと、知りたいことは、自分の目でたしかめる。しっかりと。暮らしも仕事も。

仕事にしても、暮らしにしても、その人の人生観があらわれる。はたして僕は、自分の人生観で生きているだろうか。まずは、もっと自分を愛すること。人を愛すること。社会や世界を愛すること。日々の暮らしと仕事を愛すること。その愛し方こそが、人生観であり、生き方である。生き方とは愛し方。

愛し合うとは、求め合うのではなく、互いに精いっぱい生かし合うこと。相手が自分らしくいきいきと生きられるように尽くしあうこと。

生かし合う。これからの未来に、新しい時代に、とても大切な生き方。自分だけがよければいい。他人や他のものやことは、どうなったって関係ない。競争し、戦う。これが当たり前の時代がたしかにあった。けれども、その結果が今の世の中。自分のものにしようとせずに、生かし合えれば、戦争も無くなるし、騙しあいも、もめごとだって無くなるでしょう。生かし合えれば、お互いがもっと成長できる。生かし合うことの喜びも生まれて、私たちのライフスタイルを支えてくれる。自分以外を生かすことができれば、自分もこの世界に生かされるはず。世界から生かされることほどしあわせなことはありません。「私が、私が」という考えはもう捨てよう。生かし合うことのヒント。許すこと。理解すること。すべてに感謝の心を持つこと。

笑顔

何

ひとつこわばっていてはいけません。こわばりを取る方法を教えましょう。いつも口角を少し上げるように気をつけることです。口が笑顔になると、目がやさしくなります。目がやさしくなると、顔からちからが抜けて、自分のいちばん美しい顔になります。一日に何度も自分の顔を見るといいですよ。若い頃、尊敬する方に僕が教えてもらった笑顔のきほん。

一日を喜び、一日を楽しむ人間でありたい。一日を喜ぶとは、日々を肯定し、すべてを学びと受け止め、深く感謝をすること。そうして自分の内面を深く見つめて心を育んでいく。そのために今日を存分に楽しむ。人生とは成功や失敗ではなく、これからの日々をいかに楽しむのか。その楽しみ方がしあわせであり、豊かさそのものなんだ。そう、生き方とは楽しみ方。そう思えたあの日から、余計なちからが抜けた自分がいる。

うれしいこと。たのしいこと。あったかいこと。おもしろいこと。どれかひとつ、ほんの少しあれば、今日もいい日。

果物ってほんとにきれい。人間もこんなふうにきれいでありたいな。どうなんだろう。きれいってバランスもあるかもしれないけど、ささやかな心持ちから生まれるような気がする。前向きに希望を持って、争わずに調和を守って生きる。いつもすべてのことに感謝して学び、いのちを大切にする。それができたら、きれいになれるかな。

生きてゆく上でとても大切なことのひとつに直感がある。その直感で自分がぱっと動けるかどうか。人より先に一歩踏み出せるかどうか。必要なのは直感しかないのです。ですので、早寝早起き、規則正しく暮らすのです。

「おとなになってから　老人になってから　あなたを支えてくれるのは子ども時代の「あなた」です」。児童文学作家で翻訳家の石井桃子さんが残してくれた、すてきな言葉があります。夜ベッドに入って眠る前、いつも僕はこの言葉のことを考えるのです。楽しかったこと、嬉しかったこと、感動したこと、きれいだなあと思ったこと、いいことだけでなく、いろいろなことを、からだいっぱいに受け止めた子ども時代の僕。おとなになって、さみしいとき、かなしいとき、つらいとき、迷ったとき、もうだめだと思ったとき、これからどうしようと思ったとき。あの頃、好きだったこと、夢中になったこと、知りたかったこと、感動したことが、自分のちからになってくれる。何があっても大丈夫と支えてくれるのです。みなさんの中にも、子ども時代の自分はきっといます。どうか追い出さないように、どうか閉じ込めないようにしてください。抱きしめてあげてください。僕はこれからも、子ども時代の自分を愛します。

おこらない。責めない。うそをつかない。他人のせいにしない。文句や悪口を言わない。にこにこ笑っておだやかでいよう。

ほんの小さな感動や気づき、思いや考え、できごと、ふと思い浮かんだ言葉など、ふわっと消えてしまうようなことだからこそ、自分のために書き残しておく。そう、忘れたくないから。きっとそれらは、いつかの自分を助けてくれたり、学びを与えてくれたり、はげましてくれるはず。あの日の自分が、今日だけでなく、未来をも支えてくれる。

「ながら感謝」は言葉の通り、料理や食事、家事、遊び、学び、仕事、人との付き合いなど、日々の暮らしにおいて、何をしながらも常に「ありがとう」という感謝の気持ちを、自分のきほんにするということです。「ありがとう」は嬉しいことばかりではありません。日々の暮らしとは、思うままにいかぬこと、困難や苦しみ、不安や恐怖、不条理なことばかりかもしれません。そういうことをどうやって乗り越えるのか。どうやって受け止めるのか。そのためにはすべて必要な学びや経験として捉え、まずは「ありがとう」と感謝して手をあわせる。きれいごとかもしれませんが、「ながら感謝」は僕なりの小さな発明発見です。生き抜くための。

よく思い出してほしい。今まで自分に起きた数々のラッキーのことを。それは空から突然降ってきたり、ぽろっと道に落ちていたわけでもなく、いつも必ず誰かという人が自分に届けてくれたことを。誰かが与えてくれたことを。

新年を迎え、さて今年の心がけはどのように、と考える。どう生きるのか、何か新しい気づきや考えはあるのかと思いながら、歩きながら空を見上げたりする。しかし、なかなか新しい発想は浮かばない。一日をよろこぶ。結局この言葉に行き着く。何事もよろこぶとは何事にも感謝すること。感謝は行動にあらわす。こんなふうに一日いちにちを生きようと思う。

草

木や土、家、生き物、食器や道具、服といった身の回りのあれこれ、自分の身体、食べ物。手を伸ばせばそこにあるもの。文句を言ったりしない、ものいわぬもの。ものいわぬものとどう接するのか。どう付き合うのか。どう扱うのか。感謝するのか、しないのか。そこに暮らしの品格があらわれる。必要なときは愛《め》でるけれど、必要でなくなったら、どうでもいい。粗雑に扱う。壊れたら捨てる。傷つける。無関心。ほったらかし。ありがちかもしれない。でも、ものいわぬものといかに仲良くするのか、心を通わせるのか、いかに対話するのか、そういうとてもささやかな心持ちから、暮らしの楽しさが見つかるのではないか。

忘れたくないことは毎日ある。そう思うと、日々というのは、なんて素晴らしいのかと思う。いろいろなことがある。よいこともそうでないことも。嬉しいことも悲しいことも。つらいこともくやしいことも起きる。けれども、すべて認めて受け入れる。受け入れれば感謝の気持ちが生まれる。すべて自分にとっての学びになるから。学びになるから忘れたくない。明日の自分のために。だから、僕は書く。忘れたくないことを忘れないために。未来のために。

何かひとつでもいいから、人や社会に熱弁できるものが自分にあればいい。
いつでも熱弁できる人間でありたい。僕は。

手で書いた文字はなんてあったかいのだろう。言葉はどうして人をこんなに元気にしてくれるのだろう。届いたときに読む手紙もしあわせそのものだけど、時間が過ぎてから、もういちど読む手紙に、なぜかもっともっとしあわせを感じる自分がいる。

家事をしながらありがとう、顔を洗いながらありがとう、歩きながらありがとう、本を読みながらありがとう、面倒くさいことをしながらもありがとう、仕事をしながらもありがとう。このように、与えられたこと、出会い、学びや経験、気づきなどに感謝する。そうすると、「ありがとう」に満たされて、何もできない一日であっても、うまくいかない一日であっても、しあわせな一日に思えてくる。

「食べるもの」よりも「どうやって食べるのか」を考えたい。ただ空腹を満たすだけの食事ではなく、規則正しい時間に、適切な量を、おいしさを見つけて、しっかりと味わうように、目で楽しみ、香りを感じ、よく嚙んで、食材といういのちをいただくことを思い、一口ひとくちに感謝し、ゆっくりと食べる。さて、今日は「何をどうやって」食べようか。それは、未来の自分を作ってくれる大切なこと。そして、一日いちにちの感謝の営み。食べ方とは生き方なのです。

自分自身のまごころをいかに大切にするのか、どのような心でそれと向き合うのか。誰も見ていないような、そういうほんの一握りの小さな心のはたらきが積み重なって、いつか大きな人生という山を作るのだと思う。

人生とは問題集。

一日に一度、自分の身体に感謝すること。身体の声を聞くこと。忘れないようにしよう。

夜の散歩はいいことづくし。歩きながら、家のこと、あの人のこと、嬉しかったこと、仕事のこと、困ったこと、これからのこと、そういうことを、ぼんやりと考えながら歩いていると、いつしか何も考えずに、ただ黙々と、お月さんがきれいだなあ、星がきれいだなあ、風が気持ちいいなあと、気楽になっている自分に出会う。そうやって、いろいろとあった一日を、歩きながら整理しているのかもしれない。帰る家が近づいてくると、ああ、今日も気持ちよかったなあと思う。よかったことだけでなく、すべてのできごとに、今日もありがとうございました、と感謝する。そしてぐっすりと眠る。

毎日の習慣があります。一日の終わりに、目を閉じて、どんなことでもいいので、その日にあった心から感謝したことを思い出します。三つ。できるかぎり具体的に思い出します。それを手帳に書き留めます。ただそれだけです。

いのちとは自分に与えられた有限の時間である。そう、いのちとは時間。いのちを大切にするということは、自分に与えられた有限の時間を大切にするということ。それならば、いのちという時間をなんのために、どのように使うのか。いのちとは有限である。まずはこのことに向き合い、与えられたことに感謝する。

どんな道をどんなふうにゆき、どんな景色に出合い、どんな感動ができるかな。たくさんの感謝をしよう。ちからを抜いて、あたまを楽にして、今日もていねいに。

逆

風に帆を張る、という言葉がある。順風なんて、めったに吹かないから、それを待つのではなく、すすんで、逆風をつかむというか、挑む心持ち。風さえあれば、それがどんな方向からでも、船を進めることはできる。まあ、でも、正直いうと、風向きなんて気にせず、すべてをちからにして前進する。そう、順逆自在でいこう。

こころがよろこぶ暮らしとは、豪華よりも素朴、そして清潔であること。静かであること。

く

ふうとは、自由で新しい発想をすること。ていねいとは、精一杯の感謝をあらわすこと。

「添え手」という言葉がある。何をするにも、いきなり行うのではなく、まずは手をやさしく添えることで、次の動作なり、次の行いを相手に知らせるためのひと手間。手をそっと添えていることで、何があっても、すぐに対応したり、支えたりすることができるやさしさ。単なるていねいだけではなく、そのような心を尽くした所作と、少しだけ先を読んだ親切こそが、どんな仕事においても大事であると、僕は教わった。

黙々と働くことの先には、それを受け取ってくれるひとが必ずいる。そう思うし、そうあってほしい。そうやってひととひとは見えないやりとりで、よろこび合い、助け合い、支え合って生きている。だから毎日ひとつひとつに感謝する。精一杯に感謝をあらわす。感謝のしかたが生き方になる。

人生は思い出づくり。ずっとこの気持ちで歩んできている。最近はつくづくそう思う。明日はあるようで無い。それなら今日をどう生きるか。どう人とかかわるか。それは自分だけでなく、みんなの思い出でもある。

ポストを開けたとき、手書きの宛名の手紙が入っているときくらい、うれしいことはありません。手紙を手に持ったときの、なんともいえないあたたかさ。そこに書かれている文字や言葉から伝わる、その人の人柄やいとおしさ。うれしい手紙、悲しい手紙、つらい手紙、叱られる手紙など、いろいろな手紙があるけれども、どの手紙にも、自分を思ってくれた、たしかな心のはたらきが存在しています。手紙を書いているとき。それはどんな手紙であっても、その人のことだけを思い、考えて、その人の顔を心に浮かべています。そう、大切な時間を費やして。その人のために。書かれている言葉は、他の誰でもない自分だけに書いてくれたもの。いうなれば、贈りものです。そう思うと、宝ものとしか思えません。

僕が思う「成功」とは、まずは自分で考えること。そして思いきり楽しむこと。家事も、料理も、仕事も、うまくできたかどうかではなく、よく考えて、すべては自分が楽しめたかどうかに価値がある。楽しければ、時間も忘れて夢中になり、必ず良い結果を生み出せる。学びにもなる。きっと。ひとつひとつに感謝し、思いきり楽しむ。

「暮しの手帖の仕事」と書いたメモがあったので書き写してみる。「おもしろくて、役に立つ雑誌や本はいくらでもある。おもしろくて役に立つだけではなく、人の心を明るくし、人の心をあたたかくする、人の心に話しかけるような、せいいっぱいの感謝の気持ちをあらわした雑誌と本をつくる。身なりを清潔に、正直、親切、笑顔で仕事をする。一番厳しい目を持った一読者であれ」。

今あるものの中からしあわせを感じればいい。今あるものを大切にすればいい。

この世でいちばんうつくしいものは「笑顔」。この世でいちばんうつくしいことばは「ありがとう」。

あなたの言葉を書きとめてみてください。
そして、「新しい生き方」が見つかりますように。

松浦弥太郎　まつうらやたろう

エッセイスト。
暮らしや仕事における、たのしさや豊かさ、
学びについての執筆や活動を続ける。
信条は、「正直、親切、笑顔、今日もていねいに」。
『エッセイストのように生きる』
『50歳からはこんなふうに』など著書多数。

正直《しょうじき》、親切《しんせつ》、笑顔《えがお》
僕《ぼく》が大切《たいせつ》にしている125の言葉《ことば》

2025年1月30日　初版第1刷発行
2025年6月20日　　　　2刷発行

著　者　松浦弥太郎《まつうらやたろう》

編　集　樋口 健
印刷所　堀内印刷
製本所　ナショナル製本
発行者　三宅貴久
発行所　株式会社光文社
〒112-8011
東京都文京区音羽1-16-6
電話　03-5395-8172（編集部）
03-5395-8116（書籍販売部）
03-5395-8125（制作部）
メール　non@kobunsha.com

落丁本·乱丁本は制作部へご連絡くだされば、お取り替えいたします。

ISBN978-4-334-10535-8